織江りょう 童謡集

とりになった ひ

てらいんく

織江りょう　童謡集

とりになった　ひ

装挿画　山田和明

織江りょう 童謡集

とりになった ひ

目次

第一章　とりになった　ひ

第二章　ちいさな　そら

第三章　いんりょく

第四章　おさかなの　うち

第一章
とりになった　ひ

コンパス

はなを　みて
まる
ちょうちょ　みて
まる
ちいさい　まる
おおきい　まる
コンパスは　かくよ
みんな　みんな
だいすき　だから

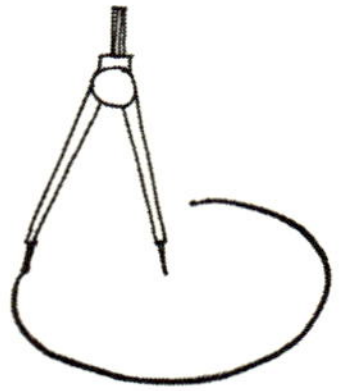

はなが　ちっても
まる
ちょうちょ　とんでも
まる
ちいさい　まる
おおきい　まる
コンパスは　かくよ
みんな　みんな
だいすき　だから

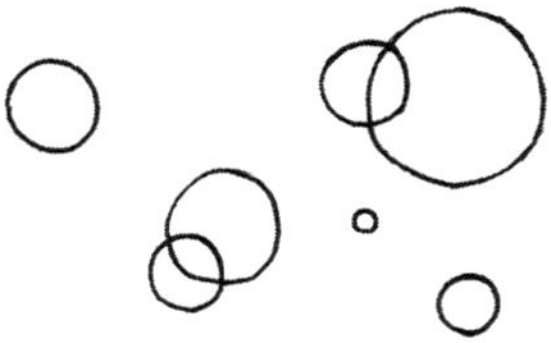

ちょうちょ

あさ
めが　さめると
パチンと
スイッチ　いれて
ちょうちょは　はねを
ひろげます
ゆっくり
ゆっくり
ゆっくり　と

よる
ねむる　とき
パチンと
スイッチ　きって
ちょうちょは　はねを
たたみます
ゆっくり
ゆっくり
ゆっくり　と

カラス

カラスは
ジグソーパズルの
ワンピース
よるの　いちぶを
きりぬいて
ひるまの　そらに
とまってる

カラスは
ジグゾーパズルの
ワンピース
ゆうがたに　なると
とんでいき
かけた　よぞらに
はまってる

セミ

セミが
とんでいったよ
ぬけがらの
なかに
きのうまでの
じぶんを
ぜんぶ
のこして…

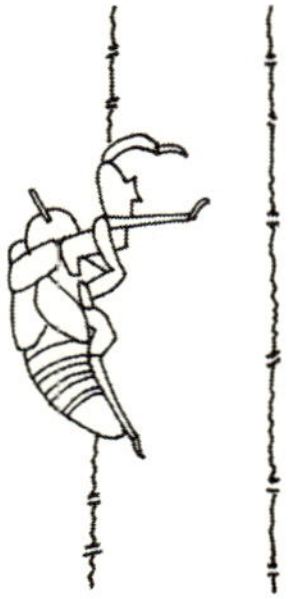

セミが
とんでいったよ
おひさまの
ほうへ
あたらしい
じぶんに
であう
ために…

とりになった　ひ

あおい　そら
みていた
そらの　なかで
だれかが　よんでる
きがして
せのび
したんだ
もりが　しーんと
していた

とりが　とりになったひ

あおい　そら
みていた
そらの　なかに
すいこまれて　いく
きがして
りょうて
ひろげたんだ
かぜが　じーっと
みていた

とりが　とりになったひ

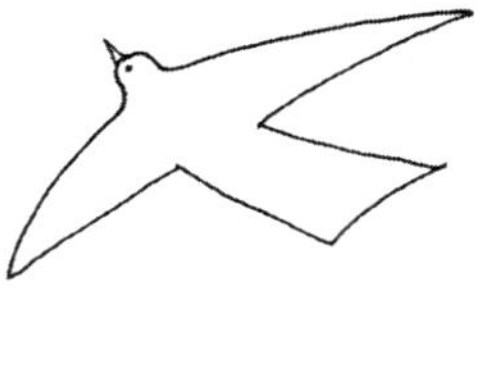

モンシロチョウ

よつばの
クローバーが
とんだ
キャベツばたけの
なかから
ああ……
モンシロチョウ
だったんだ
あさの
くうきが　ゆれている

よつばの
クローバーが
とんだ
キャベツばたけの
なかから
だれかに
とどけに
いくのかな
うまれた
ばかりの　しあわせを

コギツネの　はる

コギツネ　コン
コギツネ　コン
コンコン　コギツネ
コギツネ　コン
フワフワ　シッポが
ゆれている
タンポポ　わたげ
みたいだね

コギツネ　コン
コギツネ　コン
コンコン　コギツネ
コギツネ　コン
クリクリ　おめめに
うつってる
かあさん　キツネ
きれいだね

れんげ畑《ばたけ》

野原《のはら》　いっぱい
あふれてる
ちいさな　花《はな》の
わらいごえ
はじけて
はじけて
はじけて
はじけて

れんげ畑《ばたけ》は
春《はる》のなか

みんなの　きもち
つないでる
えがお　むすんだ
花《はな》かざり
うれしくて
うれしくて
うれしくて
うれしくて

れんげ畑《ばたけ》は
春《はる》のなか

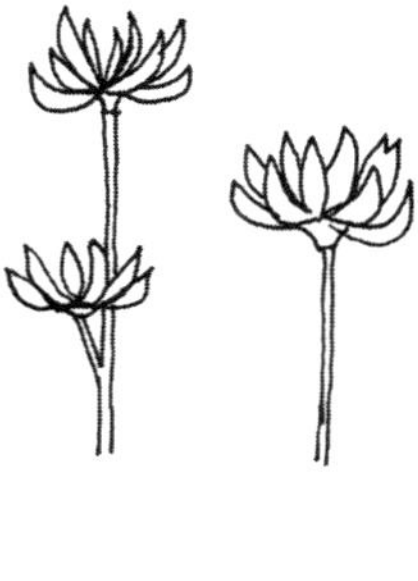

ほたる

ほたる　ほたる
ほたるは
つきの　こども
ちいさな
あかりを　つけて
くさの　すみっこ
てらしてる

ほたる　ほたる
ほたるは
つきの　こども
おいけに
うかんだ
かあさん　みつけ
つけては　けして
うれしそう

にんじん

にんじん　の
なかに
にじが　ある
きれいな
きれいな
にじのはし
だれが　わたって
いくのかな

にんじん　の
なかに
ゆうひが　ある
まっかな
まっかな
ゆうやけぞら
だれか　ながめて
いるのかな

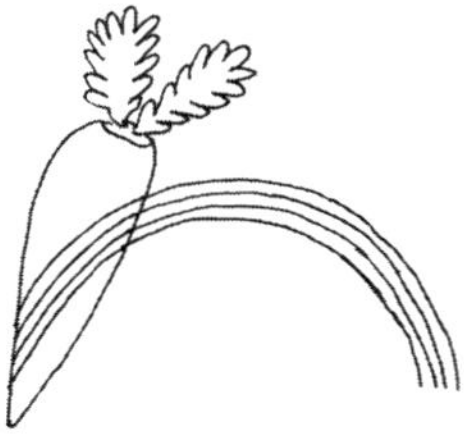

第二章

ちいさな　そら

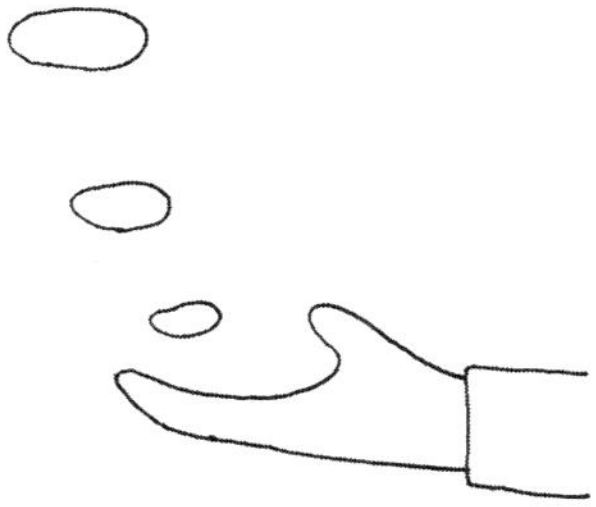

ちいさな　そら

あおい　そら
うつしてる
しろい　くも
うかべてる
せんめんきの　なかの
ちいさな
ちいさな
なつの　そら

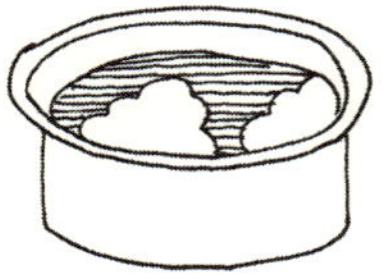

てのひらで
すくった
なつの　そら
おはよう　って
こえを　かけたら
しずかに
しずかに
ゆれた　そら

いちねんせい

ランドセル
ゆれてる
うれしいな
ふでばこ
カチャカチャ

あるくたび
ぼくのせなかで
うたってる
ぼくもいっしょに
うたってる

ランドセル
あけると
まぶしいな
きょうかしょ
ピカピカ

てにとって
ページめくると
ひかってる
いちねんせいの
かぜがふく

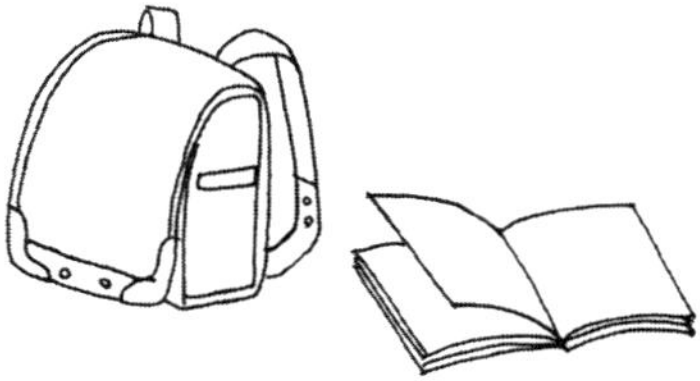

えくぼの　まりちゃん

まりちゃん　わらうと
ちいさい　えくぼも
わらってる
ふたつの　ほっぺに
ひとつずつ
にこにこ　にっこり
わらってる

まりちゃん　ないたら
ふたつの　えくぼも
さみしくて

ひとりで　しょんぼり
まっている
まりちゃんの　えがおに
なりたくて

まりちゃん　わらうと
ちいさい　えくぼも
わらってる
にこにこ　にっこり
わらってる
まりちゃんと　いっしょに
わらってる

おとうと　あかちゃん

おとうと
あかちゃんが
うまれたよ
うまれたよ　って
いばってる
みんなが
えらいな
えらいな　って
わらってる

おとうと
あかちゃんが
オギャー
オギャー　って
ないている
ぼくには
うれしい
うれしい　って
きこえるよ

しもん

ゆびさきの
うずまきもよう
かみさまが　くれた
しるし
うちゅうのなかの
ぼくだけの　うちゅう
たくさんの　ほしが
ひかってて
ぼくが　あるけば
いっしょに　あるくよ

ゆびさきの
うずまきもよう
だれもが　もってる
しるし
うちゅうのなかの
ひとつだけの　うちゅう
ともだちの　ほしで
いっぱいの
ぼくが　はしれば
いっしょに　はしるよ

しんこきゅう

しんこきゅう
すると
やまの　かぜも
うみの　においも
みんな　まざって
ぼくのなかへ
ちきゅうが　ぼくに
わけてくれる

しんこきゅう
すると
もりの　りすも
そらの　とりも
おなじ　くうきで
つながってる
ちきゅうが　ぼくに
おしえてくれる

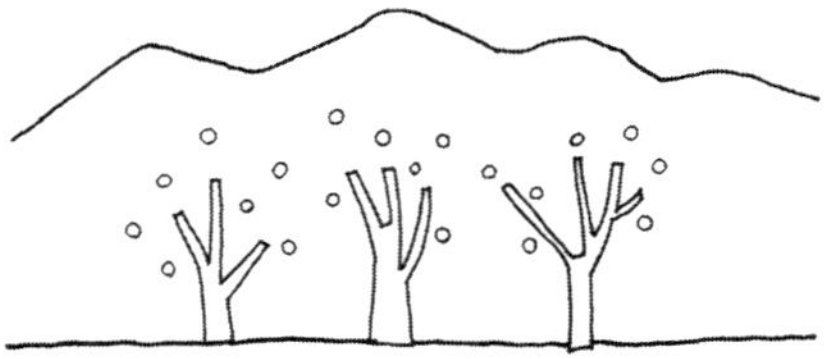

きょうの　ひ

すいへいせんで
おはよう
してた
そらと　うみが

ちへいせんで
こんにちは
してた
そらと　じめんが

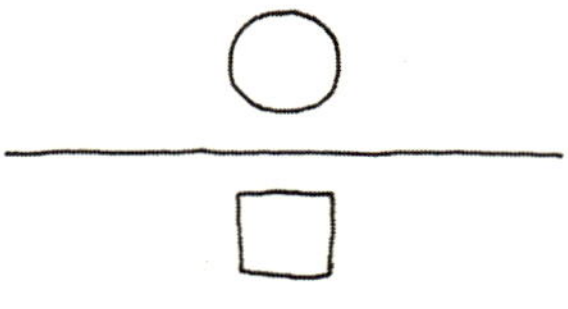

ゆうやけみながら
さようなら
してた
きょうは

いいこと　たくさん
あります
ように　って
あしたも

かかとくんの　せのび

かかとくんが
せのび　してる
みたい
しりたい
みたい
しりたい
かかとくんの
きもち
じめん　から
なんセンチ？

かかとくんが
せのび　してる
どきどき
わくわく
どきどき
わくわく
ぼくにも
みせて
かかとくんが
せのび　してる

おさかな　アンテナ

なにを　ながめて
いるのかな
やねの　うえ
おさかな　いっぴき
ほねに　なって
ながめてる

どこを　ながめて
いるのかな

やねの　うえ
おさかな　たいぐん
おなじ　ほうを
むいている

だれかが　よんで
いるのかな
とおい　うみ
かあさんの　こえ
きこえて
いるのかな

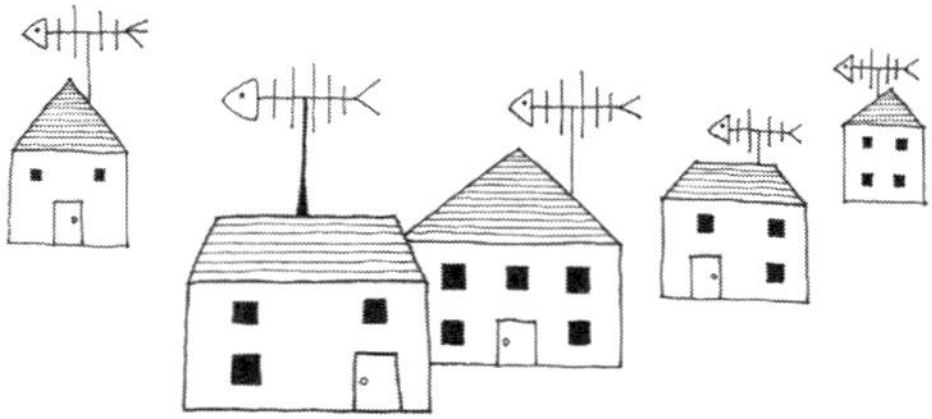

ふうとう

いろんな　きもちを
つつんでる
ふうとうさん　が
やってきた
おひさしぶりです
おげんきですか
あけたら
あけたら
やさしい　ことばが
あふれだす

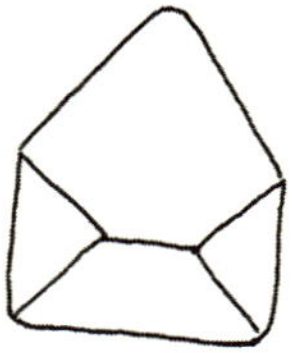

いろんな　ひとが
やってくる
ふうとうさんに　なって
やってくる
またおあいしましょう
かぜひかないで
うれしい
うれしい
ふうとうさん　が
やってきた

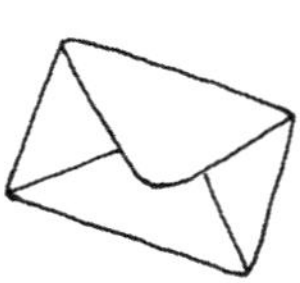

ナナホシテントウ

お花《はな》の
においがしたの？
白《しろ》いノートに
テントウ虫《むし》
とまった

ぼくのこと
よびにきたの？
青《あお》い空《そら》を
飛《と》ばないか
って

アオスジアゲハ

はねに　かかれた
ひとすじの　あおは
たにまの
せせらぎ
はばたけば
みずが　はねてる

はねに　かかれた
ひとすじの　あおは
ふるさとの
あおいそら
はばたけば
かぜが　ゆれてる

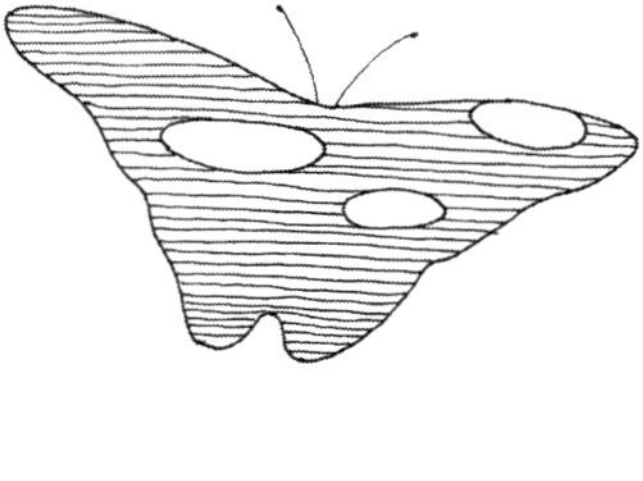

第三章

いんりょく

いんりょく

りんごが
おちた
りんごが
おちた
ともだち
ほしくて
ちきゅうが
よんだ

ちきゅうが
よんだ
ちきゅうが
よんだ
いっしょに
あそぼ　って
りんごを
よんだ

ひこうき

あおい
そらに
おもいっきり
おおきな
いち
かいてった

みんな
みんな
いちばんって
おおきな
いち
かいてった

うたたねさん

うたたね
うたたね
うたたね　さん
はるの　うた
うたって
いるの

うたたね
うたたね
うたたね　さん
はるの　うた
うたって
いるよ

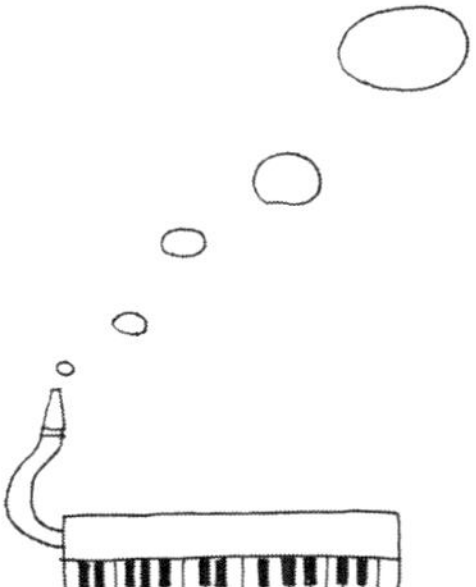

はなの　バトン

はるは
かけていくよ
はなの　バトンを
てわたし　ながら
のはらの　むこうで
まっている
なつに
とどけ　たくて

なつは
しっているよ
はなの　バトンを
うけとり　ながら
ちいさな　いのちが
ねむってて
あきに
めを　さますこと

バッタのなつ

バッタが
ジャンプ
のはらに
ピューと
つむじかぜ
はばとび
はばとび
たのしいな
のはらの
はじまで
とべるかな

バッタが
ジャンプ
のはらに
ピューと
つむじかぜ
たかとび
たかとび
たのしいな
おそらの
うえまで
とべるかな

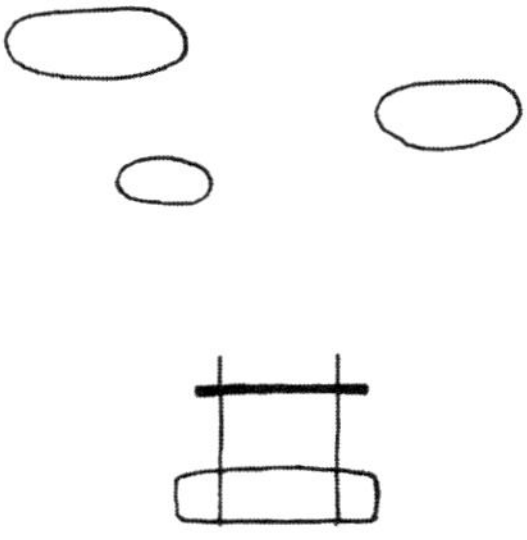

かぜのことふうりん

ねむってる
ふうりんを
かぜのこが
ゆすってる
ちいさな
てのひらで

うたって
うたって
うたって　と

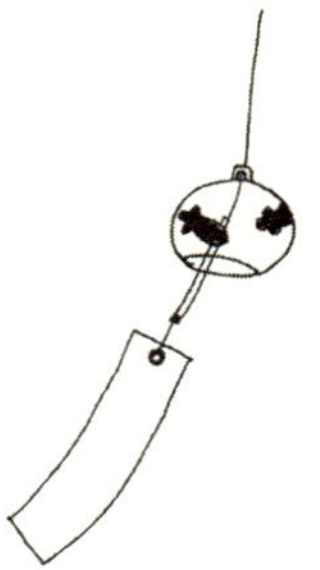

ねむってた
ふうりんが
めをあけて
うたいだす
やさしい
やさしい
うたごえで

チリリン
チリリン
チリリン　と

トマトのこ

トマト
トマト
トマト　が
みてる
おひさま
みてる
ママの　えがおに
にているの

トマト
トマト
トマト　が
わらう
きらきら
わらう
ママの　えがおと
おなじだね

ひだまり　こねこちゃん

おてで　そらを
かきまぜて
ひかりの　こどもと
あそんでる
こねこちゃん
ひだまりの　なか
たのしいの

ひかりの　こどもも
うれしそう
キラキラ　はねて
とんでいる
こねこちゃん
ひだまりの　なか
なかよしね

おひさま

よあけの
おひさま
あかちゃん
まっくらに
ふふふ
ひかりの　まほうを
かけていく

ゆうがたの
おひさま
おかあさん
ちきゅうの
ゆめに
ゆうやけ　おふとん
かけていく

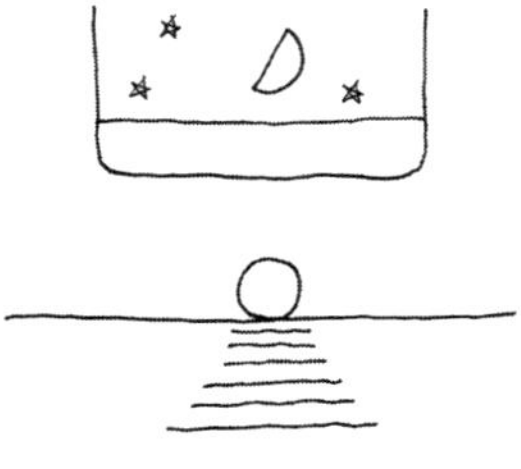

トンボのはね

トンボの　はねが
ひかってる
あお空《ぞら》　すかして
ひかってる
はねを　ながれる
イネの波《なみ》
きん
きん
きん　と
ひかってる

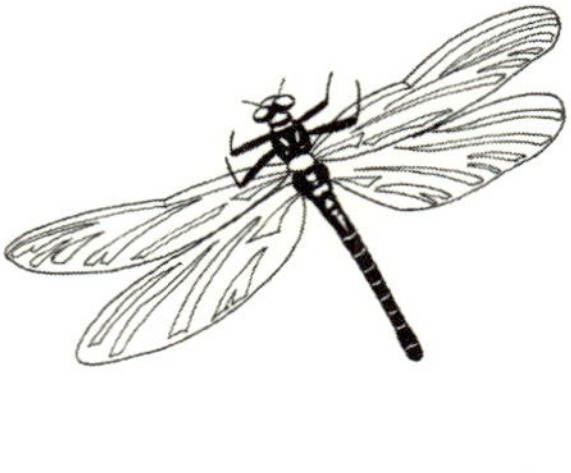

トンボの　はねが
ひかってる
夕焼《ゆうや》け　うつして
ひかってる
今日《きょう》と　明日《あした》の
境《さか》い目《め》で
あか
あか
あか　く
ひかってる

ゆきうさぎ

ゆきの　なかから
うまれたよ
みんなで　つくった
ゆき　うさぎ
ぼくが　のせた
ながい　みみ
はるの　あしおと
さがしてね

ゆきの　なかから
うまれたよ
みんなで　つくった
ゆき　うさぎ
あかい実《み》　つけた
ちいさな　め
はるの　あしあと
みつけてね

第四章

おさかなの　うち

おさかなの　うち

おさかなの
おうちは
おおきいぞ
ひろくて
ふかくて
ひとへやだ

おさかなの
おうちは
なかよしだ
みんな
いっしょに
ひとへやだ

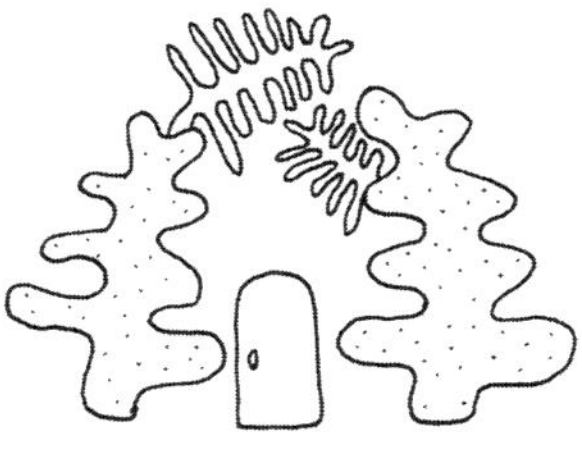

かぼちゃ

ドデンと
すわって
おひさま
ひとつ
かかえてる
だいじに
だいじに
かかえてる

かぼちゃに
だかれて
おひさま
ひとつ
わらってる
にこにこ
にこにこ
わらってる

ネギ

ネギは
ちきゅうの
せんぼうきょう
そとの
ようすを
しりたくて
モグラが
したから
のぞいてる

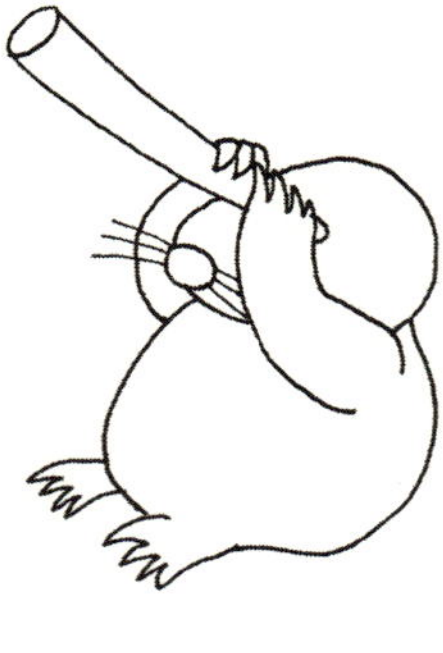

ネギは
ちきゅうの
せんぼうきょう
そらは
あおいし
りょうこうだ
うちゅうの
うみを
すすんでいこう

だいこん

つちのなかから
ちょっとだけ
かおだしてる
だいこん　さん
そとの　せかい
みたいのかな
たちおよぎしてる
ぼくみたいに

つちのなかに
くびまで
もぐっている
だいこん　さん
あったかくて
でられないのかな
ふとんのなかの
ぼくみたいに

カンガルーのあかちゃん

おかあさんの
ポッケの　なかで
はずむよ
おかあさんと
いっしょに
ちきゅうの　うえ
はねるよ
はねるよ

おかあさんの
ポッケの　なかは
ねむいよ
おかあさんの
あったかい
むねの　おと
きこえる
きこえる

キリンさん

ながい　くび　と
ながい　あし
ゆっくり　ゆっくり
あるいてる
きもちが　いいな
そらの　なか
かぜと　いっしょに
あるいてる

ちいさな　め　と
ちいさな　みみ
キラキラ　キラキラ
ひかってる
きもちが　いいな
そらの　なか
くもと　おはなし
してるんだ

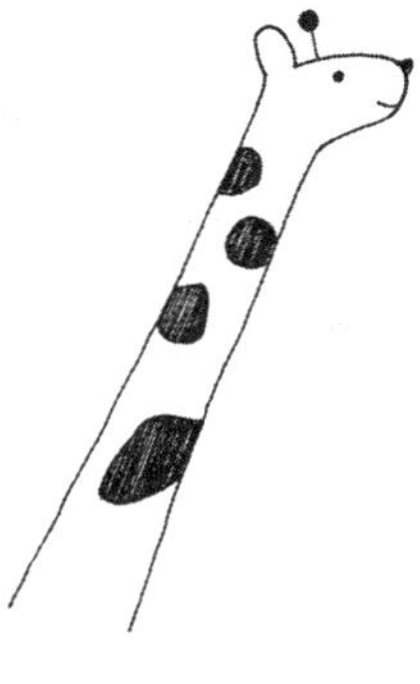

ペンギンさん

ペンギンさんが
あるく
ペンギンさんと
あるく
いっしょに
いっしょに
なってね
ペンギンさん
ペンギンさん
ペンペン　ギンギンさん

ペンギンさんが
あるく
ペンギンさんと
あるく
たのしく
たのしく
なってね
ペンギンさん
ペンギンさん
ペンペン　ギンギンさん

シッポって　いいね

カンガルーさんの
しっぽ

かいてき
かいてき
シッポの　おイスで
いいね

オナガザルさんの
しっぽ

ゆらゆら
ゆらゆら
しっぽの　ブランコで
いいね

サイくんの　ツノ

はなの　うえ
ちょこんと　のびた
ぼくの　ツノ
すうじの　いちに
にているね
おかあさんの
いちばん　すきなの
ぼくだから

はなの　うえ
だんだん　のびてく
ぼくの　ツノ
おとうさん　と
いっしょだね
みんなみんな
すてきな　いちを
もってるね

フクロウじいさん

フクロウじいさん
いいました
おもいだして
いたんだよ
とおい　とおい
むかしのこと
ホロッホー
ホロッホー
うまれたばかりの
もりのこと…

フクロウじいさん
いいました
ゆめみて
いるんだよ
とおい　とおい
みらいのこと
ホロッホー
ホロッホー
これからうまれる
もりのこと…

リスのうた

いいにおいの
あきが　きた
どんぐり
くりのみ
あきが　きた
リスさん　たべてる
もりのなか
おくちも
おなかも
おいしいあきだ

キラキラひかる
あきが　きた
おまつり
みたいな
あきが　きた
リスさん　はしるよ
うれしくて
しっぽが
リスさん
おいかけている

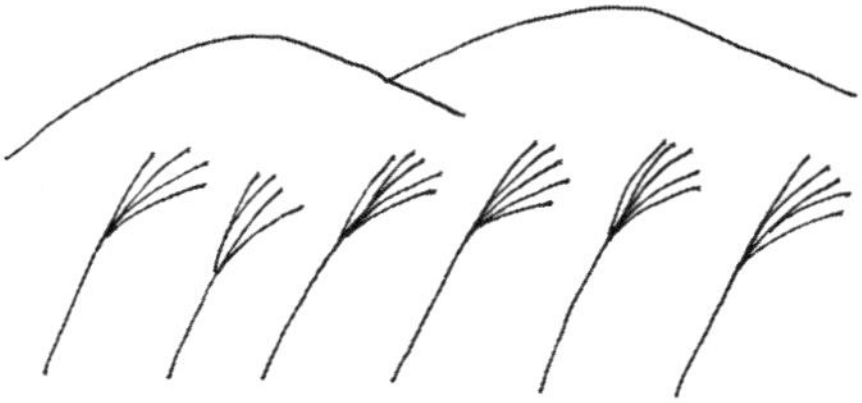

跋

『とりになった　ひ』は、織江りょうさんの第四童謡集です。

二〇〇六年に第一童謡集『みんなの地球』を出版してから、二〇一〇年に第二童謡集『ひだまりの道』を、二〇一四年に第三童謡集『こころのポケット』を、そして今回、二〇一八年『とりになった　ひ』と、四年ごとに上梓しています。

織江さんの童謡創作への強い意欲と情熱には、いつも圧倒されます。とくに童謡の中でも最もむずかしい幼児童謡の世界にまっすぐに向かい合って進んできたことは、驚きと畏敬の念すら感じます。

幼児童謡のむずかしさは、小さい人にもわかる少ない語彙の中で、歌いすぎず、歌わなすぎずというじつに微妙なところで、リズムのある詩として完成を目ざすところです。

四十四編の童謡は、織江さん自身、これでいいのかと、自問に自問を重ねて生まれてきた作品たちです。なんとにこやかに、礼儀正しく、やわらかで、すがすがしい童謡群でしょうか。

「とりになった ひ」は、鳥が鳥になるためには、鳥として生まれ、育っただけではなく、一歩天空に飛び立つ日こそという、織江さんの凛とした姿勢があります。

「れんげ畑」では、わらいごえが絵になって見えます。

「かかとくんの せのび」の発想のおもしろさ。

「いんりょく」のニュートンもびっくりするだろう、いんりょくの本質。

「トンボのはね」の透明感。

「おさかなの うち」の広々さ。

いいな、いいなと次々と頁をめくりたくなります。童謡集『とりになった　ひ』は、織江りょうさんが、稀有な幼児童謡詩人としての大いなる飛躍の日になるにちがいないと信じられて、同じ志を持つ私にとって、うれしさでいっぱいです。

二〇一八・七・二十八

矢崎節夫

あとがき

十四歳の時、三人の友達を修学旅行の交通事故で失った。私のとなりにいた友人は当時十八歳だった。父親がインドの日本大使館でお仕事をされていた関係で、帰国した彼は中学三年の春に私の通っていた中学へ編入してきた。

年上で恐れ多かったが、とてもやさしい性格で、穏やかな笑顔が印象的だった。校舎の屋上で「インドはどの方角かな」などとたわいのない会話を交わしながら、あおい空の向こうを見つめていた。

夏休みが終わった新学期のある日、ホームルームの時間に、修学旅行の話になった。グループ決めとバスや電車の席決めが議題になった。委員長が彼に「だれとならびたいですか」と聞いたとき、彼は私のとなりになりたいですと言った。

その時の彼の声や表情を今でもはっきり憶えている。彼の言葉は、その後ずっと私の心の奥底にあって、あらゆる時に現れては決して離れることはなかった。

なんで「私とならびたい」といったのだろう。答えはどこにもなかったが、童謡の世界と出会って、いつの頃からか、生きる素敵さを二人で見つける喜びを感じながら、彼と一緒に作品を書いている自分がいることを感じていた。

織江りょう

【作曲者一覧】

●「コンパス」上　明子作曲（小さな詩の世界：二〇一七年二月二十六日初演）

●「ちょうちょ」栗原正義作曲（二〇一六年第三十九回童謡祭）

●「カラス」上　明子作曲（小さな詩の世界：二〇一七年二月二十六日初演）

●「れんげ畑」早川史郎作曲（二〇一四年第三十七回童謡祭）

●「ほたる」上　明子作曲（小さな詩の世界：二〇一七年二月二十六日初演）

●「えくぼの　まりちゃん」湯山　昭作曲（二〇一八年第四十一回童謡祭）

●「かかとくんの　せのび」神坂真理子作曲（二〇一七年第四十回童謡祭）

●「いんりょく」上　明子作曲（小さな詩の世界：二〇一七年二月二十六日初演）

●「かぜのこと　ふうりん」上　明子作曲（小さな詩の世界：二〇一七年二月二十六日初演）

著者経歴
「とりになった ひ」

織江りょう / 本名杉下邦彦。1951年、東京都生まれ。早稲田大学第一文学部心理学科卒業。童謡詩人。児童文学作家・童謡詩人矢崎節夫に師事。日本童謡協会常任理事。日本児童文芸家協会評議員。FCA（日本音楽作家団体協議会）理事。児童文学総合雑誌「ざわざわ」編集委員。童謡同人誌「平成童謡」（星の会）所属。2006年、第1童謡集「みんなの地球」（てらいんく・日本図書館協会選定図書）、2010年、第2童謡集「ひだまりの道」（てらいんく・日本図書館協会選定図書）、2014年、第3童謡集「こころのポケット」上梓。2010年、「ひだまりの道」で第40回日本童謡賞新人賞を受賞。

山田　和明 / 1961年、京都市生まれ。京都嵯峨美術大学（旧嵯峨美術短期大学専攻科）卒業。1990年、アクアスタジオ設立。日本児童文芸家協会会員。2010年・2011年、2018年イタリア・ボローニャ国際絵本原画展入選。2011年、絵本「My Red Balloon」がDIE ZAIT（ドイツ）においてルークス賞を受賞。2013年、絵本「My Red Balloon」がドイツ・トロイスドルフ絵本賞を受賞。2017年、絵本「巨人と男の子」が小涼帽絵本賞（中国）を受賞。2018年、「あかいふうせん」が第9回ようちえん絵本大賞を受賞。絵本「おじいちゃんのふね」岡信子：作（リーブル）、絵本「My Red Balloon」（minedition）等。

Profile

織江りょう 童謡集

とりになった ひ

発行日	2018 年 11 月 2 日　初版第一刷発行
著　者	織江りょう
装挿画	山田　和明
発行者	佐相美佐枝
発行所	株式会社てらいんく
	〒 215-0007　神奈川県川崎市麻生区向原 3-14-7
	TEL　044-953-1828　　FAX　044-959-1803
	振替　00250-0-85472
印刷所	モリモト印刷

ISBN978-4-86261-138-3　C8092

日本音楽著作権協会（出）許諾　第 1808109–801 号

定価はカバーに表示してあります。
落丁・乱丁のお取り替えは送料小社負担でいたします。
購入書店名を明記のうえ、直接小社制作部までお送りください。